Elucubrations

4: Sagesse

Par

Bernard Schlosser

Table des matières

Prologue

Toutes les histoires sont des confrontations entre le rôle et l'être. Ce monde, peuplé de gens au comportement convenu sollicité par le rôle occupé, m'attriste.

Ce livre est un quatrième amas d'élucubrations, cette fois, sur la sagesse. Savez-vous où sont passés les sourires et les fleurs que je n'ai pas vus ? Mon agitation leur a-t-elle refusé le droit à l'existence ?

Que le lecteur éventuel y trouve un écho à son indignation ou qu'il s'indigne de mes propos jugés iconoclastes, mes élucubrations auront atteint leur but.

Raison et sagesse

L'instinct de mort se manifeste par la raison quand on est jeune, par la sagesse quand on est vieux.

La faucheuse n'aime pas la sagesse. Elle envoie vers ceux qui la cultivent, le visage de l'autre pour les déranger.

Vieux complices, la vie et la mort se partagent le travail : l'une pousse à l'envol et l'autre abat.

La partie pour le tout

Pourquoi prend on la partie pour le tout ? Par paresse ?

Ranger les gens et les choses dans des catégories, simplifie le monde. L'individualité passe à la trappe, et l'image déformée de la réalité rassure par l'action rendue possible.

Jusqu'où accepter la trahison de la diversité ? Pour survivre, une nécessité vitale est de répondre rapidement à la question : « ami ou ennemi ? » lors d'une rencontre. De là vient la nécessité d'affecter un petit nombre de traits immédiatement perceptibles à la personne rencontrée. De là l'origine du racisme : faire hériter un individu de toutes les caractéristiques d'un groupe formé de tous les gens partageant avec lui ne serait-ce qu'un trait. La nécessité de la survie prépare donc la désignation de boucs émissaires dans la société.

Dans une société qui favorise l'agir, la caricature est indispensable. L'amas d'informations et l'urgence d'agir forcent la caricature. Peu importe la vérité des uns et des autres et celle de l'instant !

Supprimons l'agitation, et la caricature disparaîtra. Mais je néglige la thérapeutique de l'action. Elle évite le questionnement sur soi qui affaiblit en détournant du travail de défense et de conquête. Pire encore : pour présenter leur meilleur visage, beaucoup sont persuadés d'être ce qu'ils font. Cette duperie attise les regrets d'une vieillesse acariâtre !

Je me révolte contre ce monde peuplé de morts-vivants, au comportement convenu, sollicités par le rôle occupé. Je suis attristé par tous ces gens qui se disqualifient. La société coupe nos ailes. C'est peut-être nécessaire, mais en être dupe est un aveuglement. Comment peut-on se glorifier d'être étriqué même aux postes les plus élevés ? La part de moi jetée à mes rôles, me tire vers le bas. Se ressentir une totalité m'attire vers le haut. L'action m'affaisse, la méditation m'élève.

Toutes les histoires sont des confrontations entre le rôle et l'être.

Qui est exclu de la société et y voit une libération, répond d'emblée en rencontrant un inconnu : « ami ».

Glorification de l'ennui

Où sont passés les sourires et les fleurs que je n'ai pas vus ? Mon agitation leur a-t-elle refusé le droit à l'existence ? Trop d'activité rend autiste. Au diable ceux qui disent : « la beauté existe, quand bien même personne ne l'admire ! »

Je glorifie l'ennui, prémice de l'éternité. Le retour du pareil m'enchante. Qui a connu un amour violent aime la monotonie pour rêvasser. Pourquoi cette impression d'achèvement en même temps que l'envie d'achever ?

Vouloir, c'est remplir l'avenir. S'ennuyer, c'est créer un passé. Focalisé sur ma tâche, je me rétrécis et dans l'inaction, je m'étends.

Le rocher et l'ambition

Comme un rocher, je voudrais cesser d'anticiper pour connaître le consentement de l'instant.

Débusquer les difficultés de demain jette souvent une angoisse diffuse. Voilà une grande préoccupation : Comment transformer l'angoisse en peur ?

Je continue à rouler sur ma pente sans abdiquer l'espoir d'influencer. Mais me voilà avec des vertiges ; ne pas bouger sollicite l'esprit. Les élucubrations guettent celui qui éclaire d'une lumière qui n'est pas du soleil. Pour lutter contre ce danger, voilà les armes que j'ai trouvées. Répéter en rengaine que ma vérité ne prétend pas à l'universel. Ne pas se croire d'essence supérieure. Et puis, quitte à vous étonner, devenir paresseux. Vouloir imposer sa vérité fait courir le risque de l'effort.

 Qui veut gagner en influence, pour faire le bien, est respectable. Cela est-il possible dans une position élevée ? Et les moyens d'y arriver, s'ils écrasent, qu'en penser ? Je ne crois pas à l'amour des ambitieux.

Est véritable l'amour qui veut l'égalité.

Points forts dans les combats

Un combat est toujours un combat de territoire.

Un général avisé choisit le lieu de la bataille où sa victoire est assurée.

Quand nos capacités déclinent, ce qui manque le plus est la perte de nos points forts. Par le choix des lieux où ils se donnaient libre cours, ils apportaient victoire et orgueil.

 Convenez-en : la force résulte d'une image partielle de soi.

Rester maître de soi

La peur force une crispation qui tord nos pensées. Nous nous hâtons d'agir pour chasser cette peur, au prix même de la réalisation de nos craintes.

On prétend un autre moi à l'origine des actes manqués. Il ne connaît pas la négation. Il prend pour souhait ce que je repousse et ainsi agit à mon détriment. A moins que cet autre moi, sachant que mieux vaut l'objet de la peur réalisé que la peur en suspens, me rende service !

Je me suis demandé comment rester maître chez moi. Supprimer la volonté empêche cet autre moi d'agir.

Qui peut alors être à la fois héroïque et sage ?

Ce qui n'a pas été reçu dans l'enfance ne sera jamais reçu

Je me suis demandé ce qui fait courir les hommes. J'ai peut-être trouvé : on rature, on souligne, on ajoute à l'enfance.

Terrible prédiction : qui avance est orienté par un passé lointain. Ce qui n'a pas été reçu dans l'enfance ne sera jamais et pourtant nous nous échinons encore et toujours pour l'obtenir.

Que notre enfance ait été heureuse ou malheureuse importe peu. Nous sommes à l'aise quand les circonstances nous présentent les situations de l'enfance ; les manques, nous avons appris à nous en passer, les dons, nous savons les reconnaître.

Notre vie est un magasin dont l'arrière-boutique est l'enfance. Nous mettons en vitrine ce qui est propre à séduire un acquéreur.

Ce que nous recevons petit suffit pour toute une vie. Pourquoi conquérir ce qui a manqué quand on est structuré pour s'en passer ? Mais nous sommes tous des velléitaires. Là se trouve l'explication des actes manqués, à l'approche d'un but poursuivi au prix de gros efforts. L'attirance pour ce qui a manqué ne fait pas le poids, quand la répulsion augmente à l'approche de la réalisation d'une ambition qui met en cause la structuration de l'enfance.

Attirance et répulsion nous conduisent d'autant plus que nous croyons être maîtres de notre destin.

Voie vers la connaissance de soi

Je me suis demandé : comment nous connaître, sachant que tout apprentissage vient de l'environnement. Ce qui vient de l'autre est, de prime abord, une agression et force le raidissement pour garder l'équilibre. Ce qui vient de l'autre ne vient pas souvent à l'heure de notre attente.

Ce qui de l'extérieur vient de moi, me fait réfléchir avec bienveillance et arrive à son heure quand une clarification est nécessaire pour conserver mon équilibre.

Où trouver la paix ?

Je me suis demandé où trouver la paix.

Quand j'ai fréquenté le lieu où rien n'est séparé, je n'ai plus trouvé d'ennemi à combattre.

Toute ma vie, j'ai voulu dormir. Pourquoi ce vacarme ? La jalousie, l'envie, l'amour, ne sont-ils que des prétextes pour éviter l'ennui ?

Les sollicitations nous font réagir et nous appelons cela la vie. Pourquoi pas : les fruits et des fleurs ne sont-ils pas une réaction au printemps ?

Désir et vie

Je me suis demandé d'où vient le désir. J'ai répondu : c'est l'envie d'une différence.

La condition du vivant est l'insatisfaction, jusqu'à l'insupportable, qui change le désir en désir de mort. Cet anéantissement dans un monde étal est le paradis. On me répond : « ton discours exaspère. C'est trop évident. On se sent davantage vivant dans la difficulté que dans la félicité. Indique-moi plutôt comment éviter de désirer et pourtant vivre vraiment ? »

 Le plus grand des malaises est de vouloir à chaque instant autre chose que ce qu'on a.

Qui vit au présent ne connaît pas l'insatisfaction.

Les oscillations du fou

J'ai constaté que les balancements calment les enfants, les fous et les traumatisés. Je me suis demandé pourquoi un rythme régulier était un antidote au trouble. Repliés sur soi, dans un monde réduit à cette oscillation régulière, nous sommes la musique primitive.

Vouloir des habitudes et des cadres familiers, c'est vouloir éviter de délibérer C'est éviter l'inconnu. Même les aventuriers et les militaires, tiennent à des rituels journaliers pour ne pas être complètement livrés à l'inattendu.

Un comportement archaïque relie profondément les êtres vivants : la répétition. J'ai compris pourquoi les rituels sont partout sur la terre et j'ai compris aussi leur pouvoir de libération et d'asservissement.

Cela m'a conforté dans l'idée que nier sa propre volonté, en se réfugiant dans le pareil, était un baume. Quand une vie intense par sa diversité et son imprévisibilité nous écrase, quand sa complexité nous submerge, nous lâchons prise et nous nous réfugions vers les comportements premiers de la vie : ceux qui sont naturels avant la mort ou après la naissance !

Et cela est une opportunité d'approcher l'indicible.

Sentiments et rationalité

Je le répète sans cesse. Le malheur des hommes c'est de devoir faire des choix.

La raison serait-elle seule maîtresse des décisions ? Les sentiments font les décisions avec les éléments que, plus ou moins, la raison apporte. Je m'insurge contre ceux qui prétendent la balance égale entre sentiment et raison. Quelle utopie de prétendre à l'objectivité des jugements sur les hommes. Quelle hypocrisie de masquer la subjectivité qui sature les relations humaines. On invente les lois pour fuir sa responsabilité dans un pseudo scientisme !

En fin de compte, c'est toujours le sentiment qui juge.

Politique: entre vérité et utilité

J'ai oublié de peser le pour et le contre de mon intérêt !

Fier d'avoir pensé au-delà de moi et triste de l'égoïsme répandu.

Sur la vérité, les illusions, les rêves et les espoirs se brisent. Dans son monde, chacun se protège. Il rassure, valorise et rend la vie douce. Mieux, il évite les conflits avec les quidams qui imposent leur vérité. Témoigne de ta vérité, on te cherchera des crosses !

Qui ne comprend rien à cela croira ses fréquentations hostiles quand il insistera pour présenter sa vérité. Peu importe la vérité pour le politique. Priorité à l'utilité. J'ai dénigré cela puis j'ai laissé au rancart mes certitudes. Je cherche celui qui me trouvera utile.

Victime d'ostracisme, l'homme de bien ne sert à rien.

Réflexion, instincts et sentiments

Être conscient ajoute des sentiments aux instincts. Être conscient ajoute la liberté du choix au réflexe pavlovien.

Les sentiments ne sont rien d'autre que des instincts socialement acceptables. Être sentimental est devenu un défaut. Au filtre de la raison, les décisions sentimentales sont absurdes et contre productives. L'idéal : être raisonnable.

Ne pas s'étonner alors du déferlement des instincts quand les sentiments sont négligés.

Pourquoi tu voles ? demande le serpent à l'oiseau

Voilà une question d'enfant : « pourquoi tu voles ? demande le serpent à l'oiseau ». Ils vont à l'essentiel ! La réponse ? « J'obéis à ma nature »... Foisonnement de questions.

Le « moindre effort » est le fondement des lois de la nature. C'est en obéissant à sa nature qu'on se fatigue le moins. Alors le serpent rampe et l'oiseau vole. Pourquoi changer ?

Pourquoi chercher de l'inexplicable pour expliquer l'incompréhensible ?

Voyages et sagesse

Pourquoi voyager ? Pour le nouveau ? Le voyage aiguise les sensations et détourne de soi. Se fuir et prétendre partir pour se retrouver est ce sage ?

Comment s'aimer ? Éviter la pensée discursive qui éloigne le bonheur en séparant, soupesant, comparant. Ne pas choisir, ne pas agir, voilà le mieux pour le bien-être. Les vieillards, les faibles et les obéissants le savent bien.

Même si cela vous déplaît, l'obéissance apporte le bien-être par la suppression du désir autre que la satisfaction du désir du chef. Une véritable sagesse, c'est être davantage vivant. Obéir, c'est mourir à la vie. : La paix obtenue ainsi séduit la masse.

Le vivant est désobéissance et créativité. C'est un grand défi de trouver comment approcher la sagesse tout en vivant intensément. Comment accepter et pourtant désirer ? La véritable sagesse accepte les emportements et les désagréments pendant qu'une petite voix susurre « tout ça n'est pas bien grave ».

Une voix amusée, entraînante, qui pousse à explorer toutes nos facettes pour nous avouer sur le tard « voilà pourquoi tu es là ».

Recherche de la vérité

Quand je dis : « j'ai chaud », ce n'est pas : « il fait chaud ». La première affirmation ne peut être mise en cause. Elle est subjective et ne peut être fausse que s'il y a mensonge.

La recherche de la vérité suppose au préalable, quelque chose qui soit indépendant de l'observateur sur lequel appliquer ce qualificatif. Je n'ai pas tranché sur ceci : la vérité existe-t-elle en l'absence d'observateur ? Mais, je sais bien que le vrai n'est pas assuré même si tous les observateurs sont d'accord entre eux.

Je me suis demandé pourquoi beaucoup n'acceptaient pas la subjectivité. Ils veulent vivre parmi les hommes entourés de vérités absolues, ou du moins partagées, qui les tiennent debout et ne sont pourtant que des opinions. Ils cherchent en dehors d'eux la vérité pour nier leur libre arbitre et donc leur responsabilité. Ils cherchent une instance supérieure et, renforcés par elle, ils jugent. Ainsi, ce sont les gens les moins assurés d'eux-mêmes qui accordent des bons et des mauvais points. Ils se dévouent à une cause, se diluent en elle et s'en glorifient. Comme ils sont nombreux et ne doutent pas, la force est de leur côté.

Et ils censurent pour nier la subjectivité qui nous fait homme !

Contradiction et empathie

Dans le monde des idées, c'est dans les contradictions qu'on trouve un chemin vers la vérité.

Le butor élimine un des termes de l'opposition pour faire une vérité de l'autre. L'honnête homme admet une part de vérité dans chacun des termes et forme ainsi une vérité d'ordre supérieur.

Si vous comprenez cela, abandonnez-vous et découvrez la paix dans l'absence de questions. Lutter implique de croire détenir une vérité qui refuse d'autres vérités. Celui qui lâche prise n'a aucune raison de combattre.

Progresser en empathie supprime les raisons de combattre. On est triste avec le triste. Soulager par le partage est bien, rendre joyeux le triste est mieux. L'empathie est peut-être une forme d'égoïsme !

Le sage se tait et fait son miel avec le fatalisme. J'appelle l'homme nouveau. Il influencera les dieux dont l'humeur excite les phénomènes !

Faire le bien, charité et empathie

Seuls, paraît-il, nos actes comptent. Peu importent les motivations.

Pourquoi la charité m'exaspère-t-elle et l'empathie me convient ? Sans doute parce que les bienfaits provoqués par la charité s'accompagnent souvent d'un sentiment de supériorité chez celui qui donne. Le mendiant ne s'en plaint pas et le donateur a bonne conscience. La charité semble un prolongement des affaires où les sentiments n'ont que peu de place. C'en est même une sorte de couronnement. Voilà pourquoi les conquérants deviennent mécènes.

La charité confirme les certitudes qui ont conduit le haut du panier dans sa réussite. Ces bons apôtres se donnent en exemples. Ces bonnes âmes sont bienveillantes et posent leurs mérites.

La pauvreté n'est-elle qu'une question d'argent ? Ceux qui en possèdent le pensent, n'ayant comme unité de mesure que la richesse. Pourtant, il y a de la noblesse à recevoir et peu à donner le superflu. Donner, alors, c'est se donner à soi-même.

La charité pose la différence, l'empathie pose la ressemblance.

Progrès en maitrise

Le sage loue les pas malhabiles des apprentis et critique les fautes des maîtres.

Ces fautes se ramènent toutes à cela : ajouter au lieu de retrancher. Qui comprend mérite de la considération. Ces maîtres indignes cherchent l'admiration de leurs élèves.

L'enseignant qui enferme la pensée dans un système autosuffisant ne possède pas la sagesse.Les certitudes ont pour socle l'ignorance de leurs prémices. Sont-ils des dieux dont l'omniscience s'origine dans l'absence de limites, de début et de fin ?

Voilà bien pourquoi l'homme qui ne doute pas est sur le mauvais chemin. Comme le vieillard qui a perdu sa souplesse, comme le croyant, comme l'animal domestique, il est rigide et ses béquilles ne lui permettent pas plus de quelques pas dans son appartement.

Enseignement et paix

Pardonnez cette question troublante : la guerre est une recherche de la paix, pourquoi commencer par l'absence de paix ?

Avant l'entrer en guerre, un mal être est répandu dans le peuple. Il doute de son identité. Par les solidarités engendrées, la guerre évacue ce doute et cimente le peuple au prix de grandes souffrances.

Voilà pourquoi une guerre est toujours sainte ! Elle est une recherche intérieure et un égrégore !

Trois allers retours

Androgyne, Adam devient homme quand Dieu crée la femme.

Qui cherche le paradis perdu, ne repousse pas la femme, mais l'englobe. Elle garde les portes. Elle les entrouvre pour accorder la jouissance de la dissolution dans la complétude.

Progresser en vertu est inutile sans le service aux nécessiteux. Se retirer du chahut n'est un accomplissement qu'au retour dans la foule.

Amasser puis se dépouiller est sage. Là où se trouve notre plus grande fierté, là est notre plus bel abandon.

La mort forme l'espace et le temps

La mort impose une flèche au temps car elle en est son aboutissement. Elle déforme l'espace car tous les chemins y mènent ! Celui qui s'égare arrive à destination comme celui dont elle balise la route.

Il y a ceux qui meurent vivants et ceux dont la mort est une confirmation.

Verticale horizontale

Nous travaillons sur l'horizontale avec dans les reins la flèche du temps. La transgression d'une morale castratrice nous transporte sur la verticale. Serez-vous horrifié si je vous dis qu'ôter la vie rend vivant ? Tu n'es pas mort, voilà ce que dit le cadavre !

Sur la verticale, le sage arrête le temps comme le passionné sur l'horizontale. Passion et méditation ne sont pas orientées vers les autres et pourtant les servent.

Les vertiges m'ont agrippé quand j'ai suivi la verticale. Elle m'a conseillé de me coucher.

Le bon jardinier

Tu te crois le maître de ton jardin entouré de hauts murs.

Le bon jardinier sait l'importance du vent, de la pluie, du soleil. Il n'en est pas le régisseur. Quand le temps est venu, il emporte les fruits et les fleurs sur les routes pour les offrir au passant. Il ne demande rien ayant déjà touché son salaire.

Il ne reste pas trop longtemps dehors. Il se met à l'abri de la foule qui, de l'autre côté du mur, achète et vend.

Le passé

Le passé est cause de tout. Je vous parle ici de ce passé qui change selon le regard du jour.

Le présent agit le passé et le futur. Il est le seul lieu que nous n'imaginons pas. Il est, parce qu'il est action. Il ne peut pas être pensé. Il ne provoque pas d'angoisse. Camper dans le présent est la voie royale vers l'amour. Le présent suffit au présent !

J'ai une multitude de passés. Selon mes envies d'avenir, je choisis le passé qui convient. Du choix de mon passé vient ma force.

Le travail sur soi apporte la paix. Comment faire sans agir son passé ? Celui qui étudie son passé est bien plus porteur d'avenir que celui qui s'agite, à condition de ne pas s'y enfermer.

Quand on se penche sur son passé

Sur le tard, il se tourna du côté où son temps était le plus long. Malgré ou à cause d'une lucidité chèrement acquise, il fut satisfait du spectacle.

Non que toutes ses entreprises aient réussi, non que les honneurs les plus grands lui aient été accordés, mais l'ouvrage demandé avait été exécuté !

Comme le soleil, il s'était élevé au-dessus des brumes du matin, séché la rosée dans les prairies, réchauffé les lieux que sa course lui proposait et, arrivé à son sommet, il avait éclairé alentour. Comme le soleil est aveugle à son rayonnement, il n'avait pas vu les prémices de son déclin.

Pourtant la satisfaction de l'homme n'était pas complète. Il portait le germe d'un destin à achever avant de se coucher. Un sentiment ambigu d'acceptation et de révolte l'occupait. : Il hésitait. Devait-il se retirer ou témoigner des embûches dont il fut victime ?

Aurait-il assez de force pour que ses souvenirs ne détériorent pas une sérénité chèrement acquise ?

Il est plus facile de changer le passé que l'avenir

Placé entre passé et avenir pourquoi ne serions-nous pas taraudés par l'envie de changer l'un et l'autre.

Les partisans de la terre plate disent : « le passé est intangible ».J'affirme : à la nuit, le changement du passé, au jour, celui de l'avenir. Je corrige : nos rêves orientent l'avenir et nos actions sont influencées par l'expérience. Prétendre être maître dans sa maison c'est faire table rase de son passé.

Le passé aide-t-il aux choix qui engagent l'avenir ? Une même décision, dans un contexte différent, peut aussi bien être satisfaisante, quand bien même elle fut préjudiciable dans le passé. Plus encore : chaque jour ajoute au passé et modifie les attributs des événements passés. L'avenir modifie le passé et, des présents à venir, nous verrons un passé différent. Vivre ne change pas les faits du passé mais les affects qui les accompagnent.

Comment vous dire : l'avenir modifie le passé qui, dans le même temps, influence l'avenir. Qui n'a pas connu un matin où le regard sur le passé change d'angle ? Travailler sur son passé est la tâche la plus importante.

On cherchera ta fréquentation si tu regardes ton passé avec tendresse. Car on fuit celui qui s'irrite contre son passé et envahit son entourage de son ressentiment.

Mensonges et passions

De la répétition naissent les croyances. On se convainc facilement de ce qu'on répète souvent ! Pourquoi psalmodier, prier, chanter si ce n'est pour se persuader que Dieu existe ? On transforme ainsi l'angoisse en peur d'une instance identifiée qui veut l'obéissance. Alors les rites si prévisibles par la monotonie dispensent la paix, évitent toute réflexion, évitent les doutes et évacuent la peur. Chacun se dit : « comment une foule à l'unisson pourrait-elle se tromper ? »

Pourquoi tuer la vie par la raison ou la tempérance ? La passion comme la contemplation évite toute réflexion.

Le lion

Comme un lion, il se reposait de longues heures. Ses mouvements au ralenti, loin de montrer de la mollesse dégageaient une explosivité latente. En mouvement, rien ne le déviait. Il n'était pas comme ces gens qui s'agitent sans cesse pour de petits riens. Son inaction était rassurante. On le savait prêt pour ce qui importait vraiment.

Sa somnolence avait quelque chose de sauvage. Il n'était pas comme ces hommes dont l'obéissance aux édits tenait lieu de morale.

Quand le temps s'arrête, là est l'éternité. Qui connaît cette grande mort devient lion.

La perfection

D'où vient la force qui nous pousse vers la perfection. J'ai fait cette découverte insensée : c'est l'instinct de mort.

La différence entre ce qui est et ce qui devrait être nous met en mouvement. La perfection est à la fois notre guide et l'origine de nos tourments. Elle pousse au paroxysme. En cela, elle est la cause première des maux sur la terre. Sans considération pour les souffrances provoquées, elle se régale de répandre la mauvaise conscience.

Mes amis, voici mon conseil. : participez sans illusions au monde par vos manques et vos envies. Ne vous désespérez pas si je vous dis : « vous poursuivez une étoile morte ». Car c'est cela même qui vous rend vivant. Recherchez la perfection et soyez satisfaits de ne pas la trouver. Ceux qui persévèrent au-delà du raisonnable nous quittent pour les paysages de la psychose. Et celui qui est moins obsédé, se met à l'écart avec humilité quand il s'en rapproche davantage que nous.

Voilà la terrible vérité : c'est le chemin qui est le but. Ne le répétez pas pour ne pas décourager la multitude qui s'affaire. Qui voudrait savoir son agitation au service de l'inertie ?

Et, après tout, peut-être faut-il beaucoup s'activer et se fatiguer pour découvrir ces vérités.

Imperfection

Je vomis la quête de perfection qui a fait de ma vie un chemin parmi les ronces.

Heureux celui qui se contente de l'à-peu-près ! Il évite l'effort le plus difficile et pourtant vain : monter les dernières marches de l'échelle.

J'ai mis du temps avant de m'assagir. Une œuvre parfaite exige un effort infini et éloigne de la vie. Mon imagination m'a fait chercher, en toute chose, l'inaccessible. Mon outrecuidance m'a poussé à vouloir l'atteindre ! Je suis tombé de haut car la dernière marche est pourrie ! J'étais meurtri et désemparé quand Le monde s'est passé de moi.

Tu cherches le ciment qui nous assemble ? C'est l'imperfection ! L'à-peu-près est notre condition commune. C'est la vie !

Liberté et hypocrisie

L'hypocrisie permet tous les vices. Prétendre être autre, c'est se vouloir irresponsable. C'est faire porter le chapeau aux personnages dont on s'affuble.

Le personnage est une armure contre toute humanité. Il permet l'efficacité dans l'organisation pour le meilleur ou pour le pire. D'où, l'étonnement du bourreau devant ses juges : « j'ai obéi ». Qui obéit ? Le personnage qui joue sa partition dans le système et s'en honore ? Sauf à être sadique, le bourreau construit un mur entre le personnage et sa personne pour se mouler dans l'organisation et toucher le salaire de sa servitude, sans connaitre l'inconvénient de choisir.

Comment être authentique dans un groupe ? Être soi-même déborde le rôle assigné ! Si je suis coupé du monde, je suis libre mais que faire de ma liberté ? Se relier aux autres est impossible sans accepter les contraintes qui me fabriquent un personnage.

Avec tristesse, je ne vois que le despote qui soit à peu près libre. Il est hors du groupe qu'il régente.

La mort libère en cela qu'elle tue le personnage engoncé dans le rôle dévolu.

Laissez-moi faire l'éloge de l'hypocrisie. À l'abri de l'image présentée par l'obéissant, derrière un comportement machinal est un espace possible vers l'humain et le surhumain. La liberté offerte alors est un cadeau que refuse le grand nombre.

Je déteste les gens convenables car ils conviennent. Ils passent sans laisser de traces. Je les envie. Je voudrais être insignifiant. Je n'y arrive pas.

Le sacré s'infiltre dans la tension entre la communauté et l'individu. Je m'embrouille. Le livre me fait autant que je fais le livre.

Manque d'humilité et bêtise

Qui a une opinion arrêtée sur tout, ne cherche pas le bien pour son entourage.

Les opinions se posent en universaux en négligeant le contexte. Pourquoi s'informer des besoins de ses proches ? Ce qui est bon pour soi est bon pour les autres puisque les universaux sont indépendants des personnes. Celui qui est pétri d'opinions et veut le bonheur de ses proches, imposera le mode de vie, la nourriture, les voyages qui le rendent heureux.

Cause de ce comportement ? On comprendrait : « j'ai raison parce que c'est moi ». Mais la véritable cause est l'attachement quasi religieux à la tradition.

Causalité et malheur de l'homme

Le malheur pour l'homme n'est pas la connaissance du bien et du mal mais la quête des causes.

La prévisibilité est d'une importance vitale pour se protéger contre les agressions de toutes sortes. Impossible de connaître toutes les chaînes causales qui convergent pour créer un événement. Ne reste que la recherche d'un refrain, un rythme, quelques signes d'une musique connue pour anticiper le danger. Voilà, au fond, pourquoi la musique rassure.

Utiliser la ponctuation pour prévoir permet, à bon compte, de se rassurer. L'homme se voudrait un démiurge omniscient qui prévoit et contrôle tout. Quand il constate ses limites, il rétrécit son monde espérant y contenir toutes les causes aux effets dommageables. Cette censure est une autorisation qu'on s'accorde d'affirmer où est le commencement des chaînes causales, pour tirer les conséquences qui nous conviennent. Alors ceux qui ne choisissent pas les mêmes limites pour leur monde se disputent. Voilà le fondement des conflits

Jeté hors du paradis, Adam connu, au-delà de l'existence du bien et du mal, la différence. De celle-ci naquit la propriété, puis l'envie et la jalousie.

Lassés, les hommes imaginèrent un monde sans différence. Effrayés par le néant découvert, ils le peuplèrent de leurs fantasmes.

Réflexions sur le changement

C'est aux marges que s'origine le changement. Un petit ébranlement initial, indétectable au début, qui trouve un terrain propice pour se développer, voilà le changement en marche. Il ne prospère qu'en cachette des forces conservatrices. Quand la menace de remise en cause devient visible par l'ordre établi, le processus continue s'il est devenu suffisamment puissant.

Nous ne savons jamais les causes premières. Pour éviter le désespoir, l'histoire invente un événement fondateur, la science, un concept et les dogmatiques, une transcendance.

La différence entre le primate et l'homme est que le premier s'arrête à la cause immédiatement accessible pour expliquer, alors que le second régresse, sans fin, de cause en cause et ne trouvant pas d'explication, invente une cause première : Dieu ou énergie !

Excuses du roi

Si vous croyez dédouaner le roi sous prétexte que les princes lui cachent leurs mauvaises actions, c'est que vous ne voyez pas combien il est dans leur dépendance pour conserver sa position.

Pourquoi refusez-vous de l'impliquer dans vos malheurs ? Vous tenez, sans doute, à l'illusion d'un recours possible qui pourtant n'intervient jamais.

Vous voulez le roi omnipotent. Autour du Soleil tournent les planètes. Cela vous le savez. Mais le soleil est dans la galaxie qui lui fixe sa place.

Un moyen de sagesse

Non seulement construire rassemble, fige de l'énergie mais pose aussi la destruction de l'ouvrage.

La tendance au désordre motive. Elle apporte l'énergie de l'action. C'est le privilège de la jeunesse de regarder le monde, de se révolter puis de bâtir ce qui fut.

La sagesse, c'est aussi d'éviter les illusions sur la pérennité des choses !

Pouvoir et tolérance

Sans empathie, il n'y a pas de tolérance. Mais il y a cette envie d'être qui est envie d'être différent et borne l'empathie et affaiblit la tolérance.

Ceux que l'autre indiffère sont promis aux plus hautes charges et malheureusement les remplissent alors d'une manière déshumanisée. Est-il possible de conduire les hommes avec humanité ? Existe-t-il un seul homme haut placé dont les sphères publiques et privées sont en harmonie ?

Toute organisation contraint. Le rôle imposé limite la tolérance. Coincé par notre histoire et par notre environnement, où est notre liberté ? Elle est dans le choix de nos contraintes ! Être authentique c'est être fidèle à son histoire au prix de désagréments venus de l'environnement.

Le criminel est jugé au nom de la société. C'est la transgression qui fait la peine.

L'imaginaire

L'imagination est aussi nécessaire à la vie que le boire ou le manger. Ce monde « à côté » est un refuge où la réalité n'a pas prise.

L'imagination donne le sens des événements de notre passé à notre convenance. Ce passé imaginé se substitue à une réalité passée pour favoriser l'élan vers l'avenir. L'imagination coupe les liens d'un passé pesant qui emprisonne. Le vieillard qui ne rêve plus n'a pas d'avenir.

On dit que méditer c'est faire le vide. C'est faux ! C'est laisser vagabonder ses pensées sans en retenir aucune, pour explorer dans le monde imaginaire, des connexions inattendues.

Attention à ceux qui manipulent les imaginaires. Ils remplacent les symboles dont l'interprétation est personnelle par les emblèmes dont le sens est identique pour tous et ils font de nous des animaux grégaires.

Hypocrites ou bovins ?

Jésus n'aimait pas les hypocrites. Il défendait ceux qui affichaient leurs faiblesses, leurs défauts, leurs tares quelqu'ils pouvaient être sans se soucier de la morale de l'époque.

Il a aimé la prostituée qui s'affichait et se heurtait aux bien-pensants.

Les adeptes de la terre plate m'irritent ! Ils ne peuvent penser des choses désignées par le même mot qui soient différentes dans des environnements différents. Ils ont besoin d'absolu, d'intangible, par simplisme et par paresse. Pour eux, nommer crée une relation biunivoque qui fige l'objet et les rassure. Voilà pourquoi, pour évacuer l'inconnu, on se dépêche de nommer. Ainsi prospère la pensée magique qui croit agir sur la réalité en agissant dans le monde des mots.

Pourtant le bonheur est du côté des bovins. Leur monde est simple, chaque chose ayant une place attribuée solidement.

Que vaut l'homme de bien ?

Jésus et Job m'interpellent. Comment être et n'avoir jamais fait le mal ? Je n'arrive pas à imaginer quelqu'un qui ne contienne pas ceci et son contraire. Car le contraire est toujours contenu dans le contraire.

Je prétends : l'homme ne vaut que par son itinéraire. C'est le passage du bas vers le haut qui mesure l'homme de qualité. Saint Augustin, Saint Paul en sont des exemples. Pour vous convaincre de cette vérité, répondez sans hypocrisie à cette question : peut-on parler du mal sans l'avoir vécu ? Comprenez-moi bien. Recevoir des coups ne suffit pas, il faut avoir le mal en soi et l'exprimer. L'homme de bien devient tel en l'apprivoisant et en le tenant en laisse. C'est à cela qu'on le reconnaît !

Que répondre à celui qui dit : « si le mal se cache dans le bien qui sait s'il fait bien ou mal ? ». Il me désespère. Ne rien faire serait-elle la seule issue ?

Rêve

Les juges m'avaient débouté. Le soir même, j'ai rêvé.

« Je marchais et ne retrouvais pas le chemin de ma maison. Je parcourais des rues entourées de nombreuses maisons en construction, sans toit parfois, sans crépi souvent, sans escalier toujours, avec des échafaudages. Je marchais sur la terre écrasée par les camions et les engins. Personne dans les rues, aucun ouvrier à l'ouvrage. Au milieu de ce chantier, je trouvais de vieux et beaux bâtiments aux façades sculptées : église, Mairie !

Arrivé au bout d'une rue je trouvai un pré, plateau surplombant une vallée avec une autoroute qui menait je ne sais où.

Des commerçants m'ignoraient pendant que je remontais vers les maisons en construction. Malgré mes questions, ils ne m'aidaient pas à retrouver le chemin vers ma maison. Ils m'autorisèrent à téléphoner chez moi. Ma femme semblait indifférente à mon sort ».

Que voulait dire ce rêve ? J'étais inachevé ? Fallait-il , qu'autour du vieux village aux vieilles et belles maisons et édifices qui me représentaient sans doute , construire une ville nouvelle ? M'élargir et me moderniser, pour tout dire.

Et penser autrement ?

Colère

Le volcan est calme. Dans ses profondeurs, la roche en fusion est étale. Alentour, sur les sols fertilisés par sa fureur passée poussent les plus beaux vergers.

Chacun se demande : « va-t-il se réveiller ; quand sortira-t-il de son rêve ? »

Les jours passent, chacun s'affaire. Le volcan se prépare à lancer la nuée ardente, ses flammes dans la nuit et sa coulée de lave dans des ravines ignorées !

En colère, j'attends l'apocalypse.

Séparation et frontières

L'existence commence à l'instant où je dis « moi ».
J'apparais sur la scène au moment où j'ai conscience des
frontières, d'une solitude incontournable et d'une
séparation irrémédiable.

La clé de l'explication du comportement des hommes est
la notion de frontière. En arrière-plan, dans l'arrière-
boutique, est l'angoisse d'une séparation irréversible avec
le monde. La charge occupée tant poursuivie, marque
tout autant la souffrance de la séparation que l'envie
d'exister par l'admiration et la crainte provoquée.

Quand je te regarde, c'est moi que je vois, dit l'amoureux
!

Les artistes

Les artistes jettent au-dehors leur univers. Les sages ne sont artistes que d'eux-mêmes. Étant sans tension, comment pourrait-il exprimer des passions ?

L'artiste est un écorché qui présente son monde dans ses œuvres. Il cherche la paix en se débarrassant de ses conflits, à l'extérieur. Pour lui, son œuvre une fois faite, peut être jetée dans une poubelle. Voilà pourquoi, une fois terminée, le véritable artiste s'en désintéresse. Pour lui, l'œuvre en soi n'a pas d'importance. Seul le processus de création qui le libère, importe.

Quand beaucoup reconnaissent dans l'œuvre de l'artiste les fêlures de leur propre construction, l'artiste touche l'universel et devient thérapeute.

Fausses causalités en justice

La justice utilise en catimini une règle absurde : « ce qui précède est la cause de ce qui suit ».

S'il est vrai que l'effet a toujours une cause qui la précède, beaucoup de causes sont possibles qui ont en commun de précéder l'effet. On me répondra : « si une cause se traduit systématiquement par un même effet, on peut raisonnablement penser à une relation de cause à effet ».Argument contre cela :la nuit provoque-t-elle le jour ? Quand le jour disparaît, apparaît la nuit et réciproquement.

Pour la première fois, un homme commet un délit. L'honnêteté est-elle la cause de sa malhonnêteté ?

Laideur et beauté

Je taille un conifère. J'admire, en périphérie, les fines épines en étoile qui le tapissent.

Par un trou dans son feuillage je vois, à l'intérieur, des bois tordus qui s'entrecroisent et semblent morts. Je me dis : « voilà comment nous sommes. Vides et tout tordu à l'intérieur avec de belles apparences à l'extérieur. Réfléchissant davantage, je me dis : « ces branches privées de la lumière portent de la vie. Quand le soleil chauffe et illumine leurs extrémités, la sève venue de la terre et le soleil proposent un spectacle ravissant.

Faut-il la laideur pour présenter la beauté ?

Tout ce qui s'accroît prépare sa disparition

Je me suis demandé pourquoi la disparition est inscrite dans la croissance.

Je suis arrivé à cette conclusion. Tant que l'énergie reçue par un objet est plus grande que celle qu'il donne à son environnement, il prospère. C'est la marque des prédateurs.

Quand, dans une course vaine pour survivre, l'objet fournit de l'énergie en provenance de sa propre substance, il dépérit.

Dogmatisme

Le dogmatique se remarque par l'attachement au détail.

Trouver indispensable la pratique intangible d'un rituel, c'est du dogmatisme. Il est une des manifestations de l'hypocrisie par la mise au premier plan de la forme et l'oubli du fond. Pourquoi ce penchant ? Peur de l'inconnu, peur de la liberté de l'autre ? Le dogmatique est un geôlier qui s'emprisonne ! Il aime le « par cœur » rassurant et s'en remet à des dépositaires qui « savent ». Il se pare de toutes les vertus pour justifier sa paresse d'esprit dans une vie sans questions et sans remise en cause. Il range les gens dans des cases une fois pour toutes. Il porte beau l'instinct de mort. Ne pouvant pas prendre en compte tous les éléments qui font la vie, il se rassure en posant des limites exiguës à son regard sur le monde. Et si quelqu'un s'avise de lui ouvrir les yeux, il nie en niant la vie !

Ne pas être dupe des limites qu'on pose et parfois voir au-delà, c'est ouvrir la possibilité de découvrir nos ressemblances où s'origine l'empathie. Ne pas être dupe des limites évite de juger d'une manière péremptoire.

Prendre la partie pour le tout, nécessaire en pratique, est la source de tous les maux. Eviter d'enfermer la vie pour la contrôler peut parfois, pour un temps, nous sortir de l'enfer.

Enseignement

Il y a un enseignement approprié pour chaque âge de la vie : imiter, comprendre, vivre.

Pourquoi vivre par procuration en passant toute sa vie à imiter ? Copier une personne qu'on admire, qu'on craint ou que la société trouve convenable est plus proche de la mort que de la vie. Qui ne questionne pas est soit sage soit bovin. Imite-t-on par paresse ou par peur d'être différent ? Est-ce pour connaître toute sa vie les délices de l'enfance ?

Qui questionne intensément le monde, abandonne tôt ou tard. Sans réponse, beaucoup deviennent les thuriféraires d'un dogme. Ils sont une tentative avortée de quitter l'imitation. Leur besoin de réponse est si fort qu'ils préfèrent de mauvaises réponses à leur absence. Sous la coupe de manipulateurs, ils les glorifient pour se monter du col.

Qui trouve dans l'humilité la force de ne plus questionner, découvre la sérénité dans l'ignorance. Il ressemble à l'imitateur car, comme lui, il trouve la paix. La différence est que l'un obéit à des hommes ou à des dieux et l'autre obéit à son essence !

Japonais et robots

Des peuples construisent des machines pour remplacer l'homme. Les mêmes, dans le passé, se sont enfoncés dans un militarisme forcené. Voient-ils en l'homme guère plus qu'un automate évolué ?

Pour notre malheur ces peuples prospèrent en préparant notre avenir !

Le lion le héros et le sage

La vie est une voie héroïque. La mère de famille, l'ouvrier, le passant ne sont pas moins héroïques que ceux dont l'histoire retient les noms.

Les héros restent dans l'histoire quand quelqu'un a intérêt à raconter leurs exploits et parce que la multitude a besoin de mythes.

L'ambition pour l'homme jeune est naturelle. Il veut exister. Impossible d'exister sans le regard de l'autre ! Faute d'admiration, la haine conviendra. Il va ainsi de victoires en défaites. Parfois il ressasse : continuer ou se retirer ? Pendant cette oscillation, une terrible évidence se dévoile. Le monde peut se passer de lui ! Faut-il bouder le monde quand on ne peut plus le bousculer ? Faut-il servir nos instincts ou se réfugier dans un monastère intérieur pour déployer un monde imaginé ? Faut-il garder ses certitudes et s'en faire une armure en évitant de les confronter à la réalité ?

Être ouvert au monde sans y être de plain-pied, partager les joies et les peines sans perdre son orient, être distant sans être indifférent, douter et dans le même temps avoir des certitudes, voilà la sagesse agissante.

Il ne s'agit pas des certitudes partagées que portent les dogmes mais de celles qui viennent des abîmes visités.

Les promesses qu'on se fait

Mon fils m'avait dit : « je ne serai pas comme toi, assis toute la journée derrière un bureau ».

La vie est un combat entre notre nature et notre volonté. Notre nature l'emporte tôt ou tard et, par les actes manqués, nous entraîne.

Agir contre sa nature est maladroit. Tôt ou tard, on est acculé à retourner chez soi.

Absolu

La différence est le motif de l'action. Cette action veut l'identité.

Prélevée sur la différence, la force de l'action s'atténue. Tout élan, tout mouvement n'a qu'un temps. Vous voulez de l'action ? Créer une différence ! Vous voulez orienter sa force ? Choisissez la différence à propos !

L'esprit de compétition, c'est l'envie de créer une différence rendue manifeste par la notion de hiérarchie. Les couples d'éléments formant la différence sont-ils reliés à quelque chose d'intangible ? Rien ne peut faire différence avec l'absolu. Pourtant la différence pousse vers l'absolu : au bout, il n'y a plus de différence. À rebours, peut-on imaginer quelque chose qui engendre une différence à partir d'un absolu inconcevable ? Ne pas confondre la référence qui est l'un des deux termes formant différence et l'absolu qui résulte d'un processus où des choses se rapprochent pour se confondre quand la tension s'épuise et quand la grande paix s'installe dans l'identique.

Confondant référence et absolu, les hommes s'échinent pitoyablement vers des idoles. Il y a un temps pour le déséquilibre qui met en mouvement et un temps pour l'équilibre qui repose.

La voie du sage c'est être comme sur une bicyclette qui garde l'équilibre en roulant.

Ote-toi de mon soleil

Un roi demanda à Diogène : « que puis-je faire pour toi ? ». Il répondit : « ôte-toi de mon soleil ».

Il n'y a pas de meilleure réponse au puissant. Quand bien même il est charitable. Il empêche de voir plus grand que lui au-delà de lui. Comme la plante qui s'étiole dans un coin d'ombre de mon jardin, le puissant ayant souci du pauvre l'enferme là ou même le désespoir est un luxe.

Refusant richesses et pouvoir, Diogène reste libre et montre que le roi est nu. Il ne veut pas recevoir au risque de borner son horizon. Il se fourvoie celui qui amasse pour obtenir la sagesse et la paix. C'est dans l'insignifiance qu'il les trouvera.

Je plains l'homme riche de richesses à marchander ! Il n'a vécu qu'à moitié. Ses héritiers le dépouilleront.

Changement d'intensité : changement de nature ?

On peut imaginer une variable qui, selon sa valeur, change les coefficients de l'équation. Ce changement de nature peut-être discontinue. Quelque chose tient puis cède. Les conséquences peuvent être discontinues, bien qu'il y ait continuité dans l'augmentation de la variable !

Une guerre entre gangs n'est pas de même nature qu'une guerre mondiale. La première est justiciable de la loi commune et l'autre de lois d'exception : les lois de la guerre !

Epouse et putain

Vêtue d'une longue robe, la vierge sollicite l'imaginaire. Et le fantasme dure qui n'est pas assouvi.

Le poison devient remède pour l'homme courageux. La défaite face à la vierge, l'abandon de la conquête et le refus du viol entraînent le guerrier dans un ailleurs inexplicablement beau.

Pour forniquer, il y a l'épouse. Si elle ne remplit pas son rôle de putain, il y a les prostituées ou les femmes des autres. Étonnamment, celles-ci sont putains avec d'autres que leur mari ! La putain se cache, l'épouse s'affiche. Le plus cher désir de l'amante est de se montrer avec son amant pour afficher devant les autres femmes, sa conquête.

Mais vous n'avez rien compris à la femme si vous ne voyez pas combien elle privilégie le mariage. Cette institution lui semble une protection sûre pour elle et son enfant.

Hiérarchisation des taches

J'ai bien observé ma compagne. Quelle que soit sa tâche, sa priorité est identique aux autres.

Pour être capable de faire tant de choses différentes dans le même temps, elle ne considère pas leur importance. Là se trouvent à la fois la cause de son efficacité et sa limite.

Je m'épuise à vouloir faire d'abord le plus important. La danse de celle que je côtoie me donne le tournis. Sa vitalité me tue. De cette manière, la femme pousse l'homme vers le fatalisme. Elle s'impose, en fin de course, par son besoin croissant d'exister.

La femme donne deux fois la vie à l'homme ! Chuchotons la suite !

Les contraires

Les opposés ont une fâcheuse tendance à s'interpénétrer. Du bien sort un mal, d'un mal sort un bien. Leur proximité, sans doute, favorise cela.

Pour cette raison, on peut espérer dépasser les contraires bien que dans ce monde « entre deux » qui est le nôtre, on ne puisse pas se passer de la pensée qui soupèse et range.

Je ne vois que deux moyens d'y échapper. Être totalement dans l'instant ou baigner dans l'éternité. Dans l'instant les choses sont et surviennent. C'est la voie de la sagesse venue d'Orient. Devant l'éternité, cataloguer un événement est le privilège de celui qui en connaît toutes les conséquences jusqu'à la fin des temps. Jusqu'au jugement dernier ?

Liberté

Choisir, c'est non seulement abandonner ce qu'on ne choisit pas mais aussi abdiquer un peu de liberté par le rétrécissement des possibles.

Ne pas choisir apporte la plus grande liberté. Mais pour en faire quoi ? Encore faut-il éviter l'emprise d'un maître à penser qui apporte les certitudes, matériaux d'une prison nommée dogme. Par besoin primitif de protection, beaucoup entrent dans cette prison. Ce qui m'exaspère est que moins ils doutent, plus leurs forces augmentent pour balayer les rares personnes qui restent libres.

Pourquoi la sagesse entraîne-t-elle le non-agir ?

Voilà deux regards sur l'homme ...

Le caricaturer en le résumant à quelques attributs importants pour satisfaire nos envies : Il est alors vu comme un objet à notre service.

Le voir comme un tout, dont l'approche est complexe au point de ne pouvoir le circonscrire. Dire cela, c'est accepter sa liberté. Il existe indépendamment de nous. Si tu acceptes sa liberté, tu ne peux pas tirer de plans sur lui. Comment travailler ensemble ?

La sagesse, c'est être spectateur d'événements qui ne peuvent être autres ! La, se tisse peut-être le lien entre sagesse et sainteté. Jeter la rationalité qui suppute les gains et les pertes, voilà le chemin vers la paix.

Réfléchis : on rentre dans la vie, la tête la première et on en sort les pieds devant.

Vivre intensément

La tempérance me laisse dubitatif. Danser avec la vie et lui faire l'amour, c'est louer ce qui nous fit naître. La mort n'est pas la passion, c'est l'aboutissement de la passion et du risque d'une vie intense !

Notre époque est outrecuidante qui déifie le contrôle de soi, considérant cela comme le sommet de l'humain.

Le spectateur influence le spectacle. Laissez-vous aller à votre propre regard. Voilà votre plus grande responsabilité.

Congruence et hypocrisie

Des officines prospèrent en enseignant les discours et comportements pour convaincre.

Le mensonge élevé au rang d'outil incontournable du manager remplace la sincérité. Méfiez-vous, pourtant, de celui qui est sincère au moment où il parle. On acceptera de lui un discours différent selon les circonstances. Cela sera même considéré comme le nec plus ultra de l'honnêteté ! Il sera pourtant le plus grand des hypocrites s'il poursuit la satisfaction de son ambition.

Attention aux hommes véritablement congruents, ils nous entraînent par la fascination vers des aventures douteuses.

Spiritualisation et égoïsme

Explorer ses méandres et ses fractures, est égoïste. On ne fait pas de mal aux autres, mais on s'abstient du bien apporté. Peut-on légitimer une méditation solitaire par un plus dans la spiritualisation de l'humanité ? Les foules se saisissent des sages pour incarner ce qu'elles laissent en friche. Sont-ils sa bonne conscience ? Imposer le changement de comportement des gens est difficile. Pourtant quand on n'a pas de projet sur eux, quand tout simplement on témoigne de ce qu'ils sont aussi, ils se transforment.

 Mais, pour cela, il faut être dans leur champ de vision et accepter d'être parmi eux, pour le meilleur et pour le pire !

La bêtise

La bêtise vous regarde dans les yeux sans ciller. À votre approche, les imbéciles sont sans émotion, comme le nourrisson ou le sage.

La bêtise offre des certitudes qui refoulent le questionnement Ce n'est pas de l'assurance mais de l'inconscience ! La bêtise donne des yeux d'enfants curieux. La folie aussi. Tandis que les fous sont absents au monde, les enfants et les imbéciles ne voient que la surface des choses. Prendre tout au pied de la lettre, sans interpréter, rend bienheureux. Vos yeux sont symétriques comme ceux des enfants car ils sont tournés vers le dehors. Ils ont déserté l'intérieur.

L'enfant nous émeut. Il nous attriste aussi : il dépassera cet état de grâce et tombera aussi dans le doute et le questionnement qui déforment les sourcils. Mais il est aussi promesse de surmonter cela et revenir à l'état antérieur. Retour à l'absence de questions par l'acceptation que les choses sont ce qu'elles sont.

Je revendique ma quête de la bêtise : ne pas penser à l'avenir et ne pas porter de passé comme l'enfant, le fou et le sage.

Les femmes

La bêtise est également parmi les femmes. A l'adolescence je l'ignorais.

Je vois trois raisons à mon ignorance passée : la duplicité de la femme, mon admiration pour elle est ma méconnaissance. Mon admiration venait de l'intuition d'une connaissance inaccessible pour moi du monde en leur possession. Elles étaient pour moi des sorcières ou des fées ayant part de mystères qu'elles cachaient sous la banalité et la platitude de leur discours.et bien davantage encore dans leurs silences.

Aujourd'hui je reste persuadé que, même à son corps défendant, elle possède un savoir dont je voudrais m'emparer. Il faut chercher derrière son dévouement, sa plasticité, sa rigidité et sa perversité, le bien précieux qui attire l'homme.

Elle connaît le secret des naissances et des morts. L'homme ne s'aventure pas sans risque sur son territoire.

Tolérance

L'écart entre l'être de celui qui parle et sa traduction par celui qui l'entend, est le nœud des sentiments que se portent les hommes.

Chacun est « là où il est ». Il est bon que leurs différences contrarient leur entendement. Elles interpellent et proposent une évolution pour chacun des deux locuteurs.

On se construit sur l'intolérance. Comment autrement se sentir unique ? Il faut être solidement constitué pour changer. Il faut savoir où on est pour choisir un chemin. Il faut être assuré pour douter.

Folie et procès

La folie rétrécit le monde, la sagesse l'agrandit. Sagesse et folie sont deux voies vers l'imaginaire. C'est le retour parmi les hommes qui les différencie. L'une est adaptation au monde dans un champ de conscience élargi, l'autre est mise à l'écart.

Comment voir l'entièreté de l'homme en chaque homme ?

Dans un procès, un verdict équitable tient compte de l'homme par les circonstances atténuantes.

Science et religion, miracles et découvertes

Pourquoi la science empiète-t-elle sur la religion ?
L'homme a besoin de prévisibilité plus que d'explication.
La science permet une connaissance du futur, la religion
échoue dans cette tâche ! Elle s'en remet à une instance,
dont les desseins sont impénétrables, qui nous demande
allégeance et confiance.

L'homme contrôle par la science. Cela le rassure. Dans la
religion, Dieu nous demande d'avoir foi en lui.

Si la science, un jour, explique tout, la religion ne servira-t-
elle plus à rien ? Dieu aurait créé les lois de la nature et
celles-ci, une fois toutes découvertes par l'homme, lui
permettraient de se retirer. Qui refusera à Dieu sa liberté
de ne pas respecter ses lois. Ce serait oublier les miracles.
Quand la science elle-même, par le théorème de Gödel,
démontre la nécessité de postulat indécidable, dans les
termes du système qu'il engendre, elle reconnaît une
limite au-delà de laquelle est la foi. La croyance trouve
son utilité dans l'adéquation du système qu'elle engendre
avec l'expérience. Qu'en est-il du « système monde ».
Utilités et vérités ne sont pas équivalents même si les
postulats permettent de prévoir, ils ne sont pas vrais pour
autant.

Certains cherchent des preuves de la vérité des religions.
Le miracle, par la survenance de phénomènes que la

science ne peut expliquer, présente un au-delà de celle-ci., quand bien même le miracle serait la coïncidence extraordinaire entre une attente de l'homme et un phénomène physique pourquoi le rejeter ?

Laissez-moi fréquenter des chemins buissonniers. Comme le montre Koestler, l'humour et la découverte scientifique sont les résultats d'un même processus. Il s'agit de transposer une « forme » d'un contexte à un autre. On peut ainsi expliquer les lois connues dans le premier contexte aux objets de la même « forme » du deuxième contexte. Ceux-ci deviennent alors prévisibles.

Qui comprend cela constatera que la pensée analogique tant décriée par de pseudos savants est la cause de l'eurêka. C'est cette pensée qui prédomine chez l'enfant, chez les animaux et chez les primitifs. Ces chercheurs à la petite semaine dénigrent la pensée analogique en cela qu'elle favorise la rêverie, les fantasmes et l'éloignement du chemin qu'ils ont balisés. Comment sauraient-ils qu'elle est à l'œuvre chez les poètes, les artistes, les inventeurs, qui rassemblent ce qui se ressemble .Ces chercheurs à la petite semaine décomposent comme les vers sur un cadavre.

Cette pensée « magique » s'exprime en parabole et injecte du sacré dans le quotidien. Elle sollicite une pensée reptilienne mise sous le boisseau par la société.